AUFBAUKURS

Blumen & Blüten

Acryl-Malkurs mit Martin Thomas

5

INHALTSVERZEICHNIS

VORWORT 3

DER MALKURS MIT SYSTEM 4
Acryl-Malkurse mit Martin Thomas 4

MATERIALKUNDE UND GRUNDLAGEN 6
Malgründe 6
Pinsel 7
Farben 8
Vorzeichnen und Malen nach Foto 10
Licht und Schatten 11
Verschiedene Blütenformen 12

SCHRITT FÜR SCHRITT 14
Gerbera 14
Galerie – Tipps und Tricks 19

Summertime 20
Galerie – Tipps und Tricks 26

Tulpe 28
Galerie – Tipps und Tricks 34

Kaktusblüte 36
Galerie – Tipps und Tricks 43

Klatschmohn 44
Galerie – Tipps und Tricks 49

Löwenzahn 50
Galerie – Tipps und Tricks 56

Hortensien 58
Galerie – Tipps und Tricks 64

Die Königin 66
Galerie – Tipps und Tricks 73

SKIZZEN 74

IMPRESSUM 80

Hinweis: Der Schwierigkeitsgrad der Motive steigert sich im Verlauf des Buches.

VORWORT

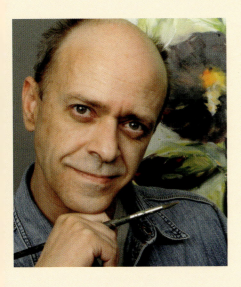

Herzlich willkommen zu „Blumen & Blüten"!

Nachdem wir im ersten Band meiner Reihe „Acryl-Malkurs mit Martin Thomas" die Grundlagen geschaffen haben, zeige ich Ihnen nun eines der beliebtesten Themen in der Malerei. Egal ob eine einzelne Blüte oder ein bunter Blumenstrauß – diese Motive bringen garantiert Farbe ins Leben und in Ihre Wohnräume.

Auch wenn man nicht über den berühmten grünen Daumen verfügt: Der Faszination, die von den unendlichen Formen und Farben der Blumenwelt ausgeht, kann sich kaum jemand entziehen. So warten die meisten von uns nach einem langen Winter sehnsüchtig auf das Erwachen der ersten Frühlingsboten. Wenn es Ihnen auch so geht, bannen Sie doch einfach die ganze Farbenpracht auf die Leinwand. Ich möchte Sie in diesem Buch dazu verführen, eigene Blumenarrangements für Ihre Wände zu gestalten. Dabei bin ich mit vielen Tipps und Tricks an Ihrer Seite. Vom aquarellartigen Hintergrund bis zum fotorealistischen Granulieren, vom groben Strich bis zum Ausarbeiten feinster Blütendetails – sowohl im Buch als auch auf der DVD finden Sie jede Menge Anregungen.

Ich wünsche Ihnen viel Spaß und Erfolg beim Malen Ihrer Lieblingsblumen!

Martin Thomas

ACRYL-MALKURSE MIT MARTIN THOMAS

„Blumen & Blüten" stellt den fünften Band einer Reise in die weite Welt der Acrylmalerei dar. Auf dieser Reise können Sie sich Ihre ganz eigene Malkurs-Bibliothek zusammenstellen – mit Sujets und Techniken, die Sie interessieren und an denen Sie arbeiten wollen.

Das vorliegende Buch gehört wie der Aufbaukurs „Aktmalerei" zu den Sujetbänden. Auf den folgenden Seiten finden Sie Wissenswertes zum Handwerkszeug: Malgründe, Farben, Pinsel sowie eine kurze Einführung in die verschiedenen Blütenformen und das Malen nach einem Foto. Anschließend zeige ich Ihnen Schritt für Schritt verschiedene geeignete Motive sowie die notwendigen Techniken.

haben. Spielen Sie mit der Farben- und Formenvielfalt, mit Stimmungen, Licht und Schatten; lernen Sie verschiedene Techniken kennen – und schaffen Sie so Ihr ganz eigenes, individuelles Werk!

Galerie – Tipps und Tricks

Die „Galerieseiten" zu jedem vorgestellten Motiv geben Anregungen zum Experimentieren, Ausprobieren und Variieren. Dort finden Sie zusätzlich zum vorgestellten Motiv eine Ideensammlung mit zahlreichen weiteren Motiven sowie Tipps und Hinweisen, die zum Gelingen beitragen.

Schritt für Schritt

Sie erlernen die Blumenmalerei auf der Basis aktueller Motive, die sicher einen Platz in Ihrer Wohnung finden. Gleichzeitig bringe ich Ihnen das grundsätzlich notwendige Know-how bei, damit Sie genau das auf Leinwand umsetzen können, was Sie möchten – ob Sie sich ein bestimmtes Bild für die Wohnung wünschen oder das Malen als Weg zur Entspannung entdeckt

Die Galerieseiten inspirieren zu vielen weiteren Kreationen.

Auf einen Blick: Motiv, Material und Farben

Schritt für Schritt zum Acrylbild

DER MALKURS MIT SYSTEM

Die DVD

Auf der beigelegten DVD können Sie mir beim Malen über die Schulter schauen. Anhand von drei Motiven folgen Sie mir auf dem Weg von der noch leeren Leinwand bis hin zum fertigen Bild – vom Auftragen der ersten Farbschicht bis zum letzten Pinselstrich und Feinschliff. Sie sehen, wie man eine Vorzeichnung macht, verschiedene Grüntöne mischt und Licht und Schatten auf die Leinwand bringt. Darüber hinaus erhalten Sie jede Menge Profi-Tricks für das Malen von Blumenbildern.

Internationaler Innovationspreis
für die Reihe „Acryl-Malkurs mit Martin Thomas"

Nicht nur bei den Leserinnen und Lesern kam der Malkurs sehr gut an, auch die Fachbranche ist von der Reihe begeistert. Das Ergebnis: 1. Platz beim internationalen Innovationspreis „Creative Impulse 2006"! Über so viel Lob freuen wir uns natürlich sehr, das spornt uns weiter an. Und wir setzen alles daran, dass auch die anderen Bände preisverdächtig werden.

Motiv 1: „Flowers" – Variante zum Motiv „Summertime"
- Grundierung mit dem Schwamm
- Effekte mit Haushaltsreiniger
- Ausarbeiten der Blüten
- Pflanzenstiele und Blätter
- Licht und Schatten anlegen
- Highlights mit Kohlestift
- Ideen-Galerie

Motiv 2: „Löwenzahn" – eine Variation
- Vorzeichnung mit Aquarellstift
- Blätter und Stiele ausmalen
- Erste Schattierungen
- Blüten mit dem Spitzpinsel formen
- Schirmflieger ausarbeiten
- Details gestalten
- Ideen-Galerie

Motiv 3: „Pfingstrosen in der Vase" – „Hortensien" variiert
- Vorzeichnung mit Aquarellstift
- Blätter und Stiele
- Vase transparent herausformen
- Blüte für Blüte ausarbeiten
- Schattierungen platzieren
- Hintergrund gestalten
- Ideen-Galerie

Wissenswertes zur Blumenmalerei
- Verschiedene Blattformen und Grüntöne
- Blüten malen
  Rose
  Gerbera
  Calla

Martin Thomas, Programmleiterin Dr. Christiane Voigt und Marketingleiter Michael Zirn

Und nun – viel Spaß in der weiten Welt der Acrylmalerei!

5

MALGRÜNDE

Acrylfarben können aufgrund ihrer guten Haftung auf zahlreichen Untergründen wie Papier, Karton, Holz, Pappe, Spanplatte und Leinwand verarbeitet werden. Allerdings muss der Untergrund unbedingt fettfrei sein. Für die Motive im vorliegenden Buch habe ich ausschließlich den gebräuchlichsten Malgrund, nämlich fertig bespannte Keilrahmen, verwendet.

Keilrahmen

Die Bezeichnung Keilrahmen kommt von den Holzkeilen, mit denen das Maltuch (Leinwand) gespannt wird. Fertige Keilrahmen sind meist mit einem strapazierfähigen Baumwollgewebe mittelstarker Struktur bezogen. Sie sollten möglichst rückseitig geklammert sein, sodass die Keilrahmenseiten in die Bemalung mit einbezogen werden können. Damit hat man mehr Gestaltungsmöglichkeiten.

Keilrahmen gibt es in den unterschiedlichsten Bespannungen und Stärken. Neben den üblichen Keilrahmen mit einer Rahmenstärke von 20 Millimetern und einem Tuchgewicht von 300 g/m² gibt es Galerie- oder Vernissagerahmen. Diese haben eine Rahmenstärke von 38 bis 50 Millimeter. Bei diesen Rahmen können Sie die Kanten in die Bildgestaltung einbeziehen und benötigen daher keinen Bilderrahmen für Ihr Werk. Alle Fertigkeilrahmen sind normalerweise bereits gebrauchsfertig mit einem so genannten Gesso-Weiß grundiert.

Naturleinwand

Seit einiger Zeit gibt es Keilrahmen, die mit 100% Leinen bespannt sind. Diese Untergründe eignen sich gerade für die Blumenmalerei besonders gut, wie Sie beispielsweise auf der Staffelei sehen können. Der graue Schimmer des Naturleinens verstärkt hier die Farbwirkung der weißen Calla (siehe auch Seite 73). Wenn Sie die Leinwand in Ihre Bildkomposition mit einbeziehen, brauchen Sie den Hintergrund nicht mehr zu grundieren.

MATERIALKUNDE UND GRUNDLAGEN

PINSEL

Die Bedeutung des Pinsels wird häufig unterschätzt. Gerade dieser prägt jedoch im Zusammenspiel mit Leinwand und Farbe den Charakter des Bildes. Greifen Sie daher nie zur billigsten Qualität. Sonst ärgern Sie sich ständig über ausgelöste Pinselhaare im Bild, die sich nur schwer entfernen lassen.

Katzenzungenpinsel synthetisch
Dieser Pinsel eignet sich für fast alle Arbeiten. Er zeichnet sich durch ein sehr elastisches Haar aus Synthetik aus, das am Ende der Spitze besonders weich ist. Ob zarter Strich, großflächige Verläufe oder ein satter Farbauftrag – mit diesem Pinsel sind Sie immer bestens gerüstet.

Spitzpinsel synthetisch
Der Pinsel fürs Feine! Spitzpinsel sind meine erste Wahl für kleine und detailgenaue Arbeiten wie die Blütenblätter vom Löwenzahn oder das Aufsetzen von Lichtern beim Kaktus (Seite 41f.).

Flachpinsel synthetisch
Ein Pinsel für großflächige Farbaufträge, der vor allem in der abstrakten Malerei beliebt ist. In diesem Band setze ich ihn jedoch auch für das Anlegen der Blütenform mit groben Strichen (siehe Seite 46f.) ein.

Fächerpinsel
Mit diesem Pinsel können Sie beispielsweise ausgezeichnet Staubgefäße oder Spitzlichter ins Bild einarbeiten.

Großer runder Borstenpinsel
Mein erklärter Lieblingspinsel für das großzügige Auffüllen von Flächen. Aber wie Sie beim „Klatschmohn" sehen, eignet er sich auch für viele andere Aufgaben. Sie können damit u.a. Umrisse anlegen, Schattierungen gestalten und Gräser ausarbeiten.

FARBEN

Acrylfarben können innerhalb der Malerei vielseitig eingesetzt werden. Im Gegensatz zur Ölfarbe sind sie geruchsneutral. Die mit Wasser verdünnbaren Kunststofffarben trocknen schnell und sind im getrockneten Zustand wasserfest. Eine zusätzliche Lackierung ist nicht nötig. Solange sie noch feucht sind, können sie mit Wasser und evtl. etwas Seife entfernt werden. Deshalb sollten Malgeräte in Wasser gereinigt werden, bevor die Farbe angetrocknet ist. Sie erhalten Acrylfarben in verschiedenen Qualitäten, die ich Ihnen hier kurz vorstelle.

Acrylfarben in Künstlerqualität
Professionelle Acrylfarben werden so aufwändig und qualitativ hochwertig produziert, dass sie sich in Brillanz und Vermalbarkeit fast nicht von einer Ölfarbe unterscheiden.

Akademie- und Studienqualitäten
Diese Farben werden für großflächige Arbeiten, Untermalungen und Spachteltechniken benutzt. Sie verfügen über eine hohe Brillanz, haben aber im Gegensatz zu professionellen Farben eine nicht so hohe Pigmentdichte. Da diese Farben jedoch zu sehr attraktiven Preisen angeboten werden, sind sie die meist verwendete Farbgruppe. Auch in diesem Buch werden sie bei den meisten Arbeiten eingesetzt.

Hobby-Acrylfarben
Diese Farben besitzen meist keine hohe Pigmentdichte und sind oft mit weißen Pigmentanteilen untermischt. Daher fehlt ihnen in der Regel die Brillanz. Häufig sind auch Füllstoffe enthalten, die zu einem niedrigeren Deckungsgrad führen. Für das Malen auf Leinwand sind sie weniger gut geeignet.

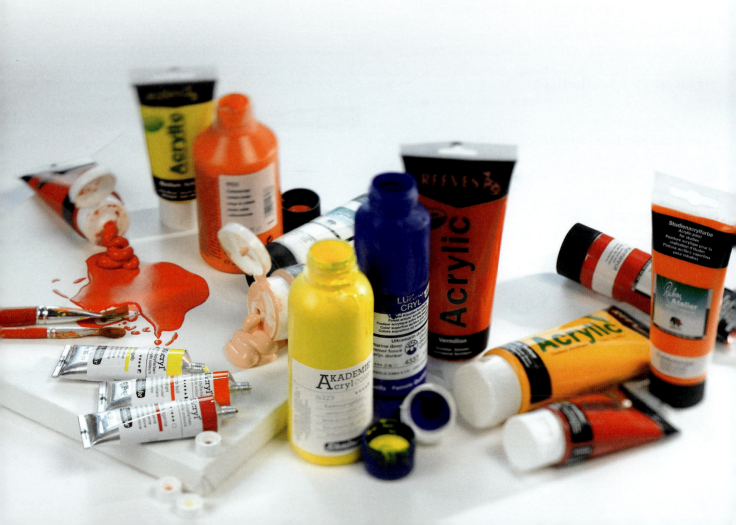

MATERIALKUNDE UND GRUNDLAGEN

Hersteller und ihre Farben

Künstlerfarben sind in den Farbwerten nicht genormt. Ein Farbton kann je nach Hersteller unterschiedliche Nuancen aufweisen. Die folgende Liste der Farben, die wir bei den vorgestellten Bildern verwenden, hilft Ihnen beim Einkauf, den richtigen Farbton (und mögliche Ausweichprodukte) zu finden. Ich habe vor allem Studienqualitäten aufgelistet. Künstlerqualitäten wie z. B. PRIMAcryl von Schmincke, LUKASCRYL liquid/pastos von Lukas oder Rubens Premia von Nerchau sind durch ▼ gekennzeichnet. Die Farbnamen und das Farbprogramm können sich im Lauf der Zeit ändern.

FARBE	SCHMINCKE	TALENS	NERCHAU	LUKAS	REEVES
TITANWEISS	x	x	x	x	x
NEAPELGELB	x	x	Neapelgelb dunkel ▼	–	x
SANDTON	Sand	–	–	–	Sand
LICHTER OCKER	x	Gelber Ocker	x	x	Ockergelb
KADMIUMGELB	Kadmiumgelbton	Azogelb zitron	Echtgelb dunkel ▼	Kadmiumgelb hell	Mittelgelb
INDISCHGELB	x	Azogelb	x	x ▼	Dunkelgelb
ORANGE	x	Azo-Orange	Permanentorange ▼	Kadmiumorange	x
SCHARLACHROT	Zinnoberrot	Naphtholrot mittel	Kadmiumrot hell ▼	Kadmiumrot hell	Zinnoberrot
MAGENTAROT	Magenta	–	x	Magenta (Primaire-Rot)	–
KARMINROT	x	x	x	Kadmiumrot dunkel	Brillantrot
KRAPPROT DUNKEL	Krapp dunkel ▼	Perm. Krapplack	Krapprot	Krapprot ▼	Krapplack Rosa
TERRAKOTTA	x	Englischrot	Terra di Siena gebrannt	Terra di Siena natur	x
VANDYCKBRAUN	x	x	Van Dyck Braun ▼	x	Umbra Natur
COELINBLAU	x	Brillantblau alternativ	x	x	x
PRIMÄRBLAU	–	Primärcyan	–	Primaire-Blau	
KOBALTBLAU	Kobaltblauton dunkel	x	x	x	x
PREUSSISCHBLAU	x ▼	x	x ▼	Pariserblau	–
ULTRAMARINBLAU	x	x (rötlicher)	x	x	x
VIOLETT	Brillantviolett	Permanent blauviolett	Violett	Permanentviolett	x
PHTHALOBLAU	x	x	x	Helio-Echtblau ▼	x
PHTHALOGRÜN BLÄULICH	x ▼	–	Phthalogrün	–	Chromoxidgrün feurig
MAIGRÜN	x	Gelbgrün	–	Chromgrün hell	Hellgrün
LAUBGRÜN	x	Permanentgrün dunkel	Permanentgrün dunkel	Chromgrün dunkel ▼	Grasgrün
OLIVGRÜN	x	Saftgrün	x ▼	Chromoxidgrün stumpf	Chromoxidgrün
SCHWARZ	Lampenschwarz	Oxidschwarz	Schwarz	Eisenoxidschwarz	Marsschwarz

VORZEICHNEN UND MALEN NACH FOTO

Viele Bilder beginnen mit einer Vorzeichnung und der Übertragung auf die Leinwand. Auf den Seiten 74 bis 79 finden Sie meine Skizzen zu einigen der vorgestellten Bilder. Für den Fall, dass Sie lieber eine Skizze verwenden statt frei vorzuzeichnen, können Sie mit der hier vorgestellten Rastertechnik arbeiten. Bei der freien Übertragung auf Leinwand rate ich Ihnen, sich auf das Wesentliche im Bild zu beschränken und Details einfach wegzulassen.

Vom Original zur Vorzeichnung – Rastertechnik

Am Anfang steht das Originalfoto, auf das Sie ein Rastergitter aus Quadraten übertragen. Je mehr Details sich im Bild befinden, umso dichter sollte das Raster gemalt werden. Sie können das Raster auch auf Folie übertragen, um mögliche Schäden am Original zu vermeiden.

Im nächsten Schritt übertragen Sie das Rastergitter im entsprechenden Größenverhältnis auf Ihre, eventuell bereits vorgrundierte, Leinwand. So sollte das Raster jetzt aussehen.

Anschließend übertragen Sie das Bild mit einer hellen Pastellkreide oder einem Rötelstift. der später durch den Farbauftrag verschwindet. Für Flächen, die später dunkel eingefärbt werden, können Sie auch einen Kohlestift verwenden. Bleistiftstriche bleiben dagegen meist sichtbar, da sie nicht wasserlöslich sind. Alternativ verwende ich häufig einen Aquarellstift in Orange, Grün oder Braun, der sich wunderbar für die Vorzeichnung von Blumen eignet.

MATERIALKUNDE UND GRUNDLAGEN

LICHT UND SCHATTEN

Bei der Blumenmalerei spielen Licht und Schatten eine große Rolle. Nur wenn sie exakt angelegt sind, wirken einzelne Blüten und Sträuße plastisch. Das erfordert genaues Beobachten und einen sorgfältigen Bildaufbau. Aber keine Angst! Mit meinen Tipps fällt Ihnen das garantiert nicht so schwer.

Wählen Sie möglichst eine eindeutige Lichtquelle, die klar definierte Schatten entstehen lässt. Bei dem abgebildeten Blumenstrauß bin ich davon ausgegangen, dass das Licht von links oben kommt. Daher sind alle Blütenbereiche, die zur Pfeilspitze zeigen, heller gehalten. Die rechte Seite liegt dagegen im Schatten. Sie können gut erkennen, wie auch die Vase und die überstehenden Blüten und Gräser Schatten werfen. Wichtig: Großflächig überstehende Blütenteile eines Straußes verlangen auch dementsprechend große Schatten!

Richtig und falsch
Erkennen Sie, woher das Licht bei diesen beiden Bleistiftzeichnungen kommt?

Bei der links abgebildeten Blüte ist das ganz klar. Das Licht kommt von links, allerdings in einem flacheren Winkel als beim Blumenstrauß. Der Schatten fällt auf die rechte Seite. Um eine optische Abgrenzung zu erreichen, habe ich auch Schatten an die übereinander liegenden Blütenblätter angelegt.

Bei der rechten Blüte ist das nicht eindeutig zu erkennen. Hier wurden die Schatten falsch gesetzt. Das Licht scheint eigentlich fast frontal von oben auf den Blütenboden und zeichnet sich sehr schön als heller Lichtpunkt ab. Aber dann darf in der Mitte kein Schatten sein! Auch die Blütenblätter werfen unter diesen Umständen keinen Schatten. Bei diesem Lichteinfall kann daher nur unterhalb des Blütenkelchs Schatten entstehen.

Tipp: Experimentieren Sie doch mal mit einer einzelnen Blüte und einer Taschenlampe. Wenn Sie die Blüte unterschiedlich ausleuchten, bekommen Sie ganz schnell ein Gefühl für Licht und Schatten.

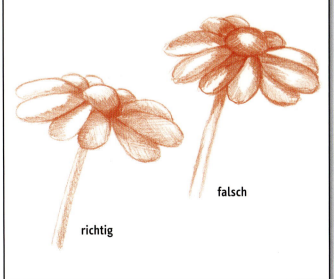

richtig · falsch

VERSCHIEDENE BLÜTENFORMEN

In einem Buch über Blumen darf natürlich das Thema Blütenformen nicht fehlen. Anhand einiger Beispiele zeige ich Ihnen genau, wie Sie Ihre Vorzeichnung anlegen und anschließend farbig so ausmalen, dass sie plastisch wirkt. Wenn Sie sich die Blütenform vor dem Malen genau ansehen, geht das ganz einfach. Am besten fertigen Sie zuerst ein paar kleine Skizzen an, bevor Sie mit der eigentlichen Blumenmalerei beginnen. Auch diese Arbeiten eignen sich oft zum Aufhängen oder als Geschenk.

Wie Sie auf den Abbildungen gut erkennen können, verwende ich für die Vorzeichnung Aquarellstifte in verschiedenen Farben.

Calla
Ein typischer Vertreter der einkeimblättrigen Blütenpflanzen. Das faszinierende Aronstabgewächs mit seinem charakteristischen Kolben eignet sich sehr gut für eine einzelne Darstellung. Aber auch mehrere Blüten, hübsch arrangiert, sehen dekorativ aus. Der Klassiker wird in Weiß gemalt, das erfordert allerdings mehr Gefühl für Licht und Schatten als die Varianten in zartem Rosa oder Gelb.

Tulpe
Die Tulpe, ein Liliengewächs, besticht durch den einfachen Aufbau ihrer Blütenblätter und ist daher auch für weniger Geübte leicht zu malen. Tulpen gibt es praktisch in allen Farben. Suchen Sie sich einfach Ihre Lieblingsfarbe aus.

MATERIALKUNDE UND GRUNDLAGEN

Margerite
Ein Korbblütler, klar gegliedert und entsprechend leicht zu malen. Diese beliebte Blüte passt sowohl in einen klassischen Bauernstrauß (siehe Seite 11) als auch in ein modernes Blumenbild wie „Summertime".

Löwenzahn
Wie die Margerite gehört auch der Löwenzahn zu den Korbblütlern. Allerdings besitzt er viel mehr Blütenblätter als seine „Schwester". Die Blütenblätter werden fast stiftförmig vom Zentrum nach außen hin aufgebaut. Für diese Art der Malerei benötigen Sie unbedingt einen Spitzpinsel.

Rose
Mit über 300 Arten bieten die Rosengewächse unterschiedlichste Formen und Farben in der Welt der Blüten. Viele Sorten sind gefüllt blühend, das bedeutet, ein Teil oder sogar alle Staubblätter sind in Blütenblätter umgewandelt. Der Aufbau der Blüten ist dadurch sehr komplex und nicht ganz einfach zu malen. Mein Tipp: Beginnen Sie mit einer Seitenansicht. Licht und Schatten sind bei dieser Darstellung am besten zu überschauen.

GERBERA

Die stilisierten blauen Gerbera kommen auf der strukturierten Oberfläche besonders schön zur Geltung. Mit dieser Technik schaffen Sie im Handumdrehen ein dekoratives Bild, das zu jedem Einrichtungsstil passt. Statt Blau können Sie natürlich jede beliebige Farbe wählen. Probieren Sie doch dieses Motiv auf einem orangefarbenen Hintergrund aus oder malen Sie eine komplette Blumenwiese (siehe Seite 19).

LERNZIELE
- Anlegen von Hintergründen mit Modellierpaste
- Auf Modellierpaste aquarellieren
- Minimierte Darstellung von Blüten

FARBEN

| TITANWEISS | KADMIUMGELB | ORANGE |
| PRIMÄRBLAU | PREUSSISCHBLAU | PHTHALOBLAU |

MATERIAL
- Keilrahmen, mind. 50 cm x 70 cm
- Modellierpaste fein
- Palettmesser
- Flachpinsel, 4,5 cm breit
- 14er Katzenzungenpinsel, synthetisch

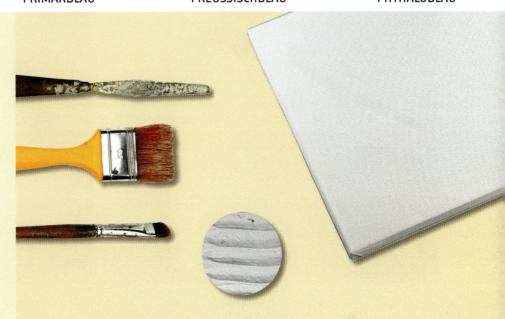

GERBERA

1 Zuerst strukturieren Sie den Hintergrund dünn mit dem Palettmesser und etwas Modellierpaste. Diese Schicht lassen Sie ungefähr eine Stunde trocknen.

2 Nun tragen Sie stark verdünntes Primärblau mit dem Flachpinsel sehr wässrig auf die Leinwand auf. Erneut ungefähr 40 Minuten trocknen lassen.

3 Legen Sie die Blütenblätter mit dem Katzenzungenpinsel in Phthaloblau an. Sie können diese entweder frei zeichnen oder eine Vorzeichnung mit einem blauen Aquarellstift machen (Skizze Seite 74).

4 Anschließend malen Sie schwungvoll die Blütenblätter aus.

SCHRITT FÜR SCHRITT

5 Mit etwas Preußischblau verstärken Sie, wie im Bild schön zu sehen ist, die Schatten der Blütenblätter.

6 Für die Blütenkörbchen verwenden Sie Kadmiumgelb, das mit etwas Titanweiß untermischt ist.

ZWISCHENBILANZ
So sollten Ihre Blüten nun aussehen.

7 Im nächsten Arbeitsschritt gestalten Sie die langen Stiele der Gerbera. Dafür ziehen Sie mit der schmalen Seite des Katzenzungenpinsels von oben nach unten Linien in Phthaloblau ein. Damit die Stiele zum unteren Bildrand auslaufen, verringern Sie dabei den Druck auf den Pinsel.

GERBERA

8 Die Blätter werden ebenfalls mit der schmalen Seite des Pinsels eingezogen.

9 Mit etwas Orange legen Sie dann vorsichtig auf der rechten Seite der Blütenkörbchen eine leichte Schattierung an.

10 Setzen Sie ein paar Lichter mit Titanweiß auf. Um die Blütenkörbchen kräftig zu begrenzen, verstärken Sie zum Schluss noch die Schatten mit Preußischblau und ...

... schon können Sie Ihr neues Blumenbild aufhängen! Oder wie wäre es, wenn Sie es guten Freunden statt eines richtigen Blumenstraußes schenken?

GALERIE – TIPPS UND TRICKS

Einfach zu malen, aber wirkungsvoll: so lautet auch das Motto der folgenden Arbeiten. In der Tat entstehen diese dekorativen Blumenbilder in Windeseile.

Blumenwiese

Lila Mohn

Diese Technik eignet sich auch für eine komplette Blumenwiese. Auf dem hellen Hintergrund in Maigrün kommen Mohn und Margeriten sehr schön zur Geltung.

Bei diesem Bild bin ich genau andersherum vorgegangen. Der Hintergrund wurde ohne Strukturpaste ausgearbeitet und stattdessen die Mohnblumen in Spachteltechnik dick aufgetragen. Um die Struktur der Blüten zu betonen, habe ich die Farbe mit einem Heavy-Body-Medium gemischt.

Nummer zwei

Stiefmütterchen

Das Pendant zur blauen Gerbera. Hier wurde ein leuchtendes Orange als dominierender Ton gewählt. Oder malen Sie die Blüten einfach in Ihrer Lieblingsfarbe.

Die ausdrucksvollen Stiefmütterchen werden wie der lila Mohn gespachtelt, der Hintergrund wird lediglich grundiert. Blumen mit verschiedenen Farben eignen sich für diese Arbeitsweise besonders gut. Die hellste Farbe wird dabei zum Schluss aufgesetzt.

SUMMERTIME

Bei dieser Arbeit möchte ich Ihnen eine, für die Acrylmalerei ganz untypische, aber sehr effektvolle Maltechnik zeigen. Und das Schönste dabei ist: dieser tolle Hintergrund gelingt auch weniger geübten Malern auf Anhieb! Versuchen Sie es einfach mal. Genauso können Sie Frühling, Herbst und Winter in Blumenform gestalten. Anregungen dazu finden Sie in der Galerie (Seite 26 f.).

LERNZIELE

- Aquarellartiges Arbeiten: Nass-in-Nass-Technik
- Schrift und Linien mit Kohlestift anlegen
- Richtiges Fixieren

FARBEN

 TITANWEISS   LICHTER OCKER   INDISCHGELB   ORANGE

 PREUSSISCHBLAU   MAIGRÜN   LAUBGRÜN

MATERIAL

- Keilrahmen, mind. 50 cm x 70 cm,
- JAX-ART Pinselreiniger oder Haushaltsreiniger z.B. Sidol oder Adritt für die Küche (Pumpflasche)
- Fixativ
- Schwamm
- Kohlestift
- 14er Katzenzungenpinsel, synthetisch

SUMMERTIME

1 Befeuchten Sie die Leinwand und nehmen Sie mit dem Schwamm Orange auf.

2 Mit dem auf der Leinwand glatt aufliegenden Schwamm bringen Sie nun die erste Farbschicht in vertikalen Bewegungen von oben nach unten auf die Leinwand.

3 Jetzt ist Schnelligkeit gefragt, denn für den nächsten Schritt muss der Malgrund und die Farbe unbedingt noch feucht sein! Sprühen Sie kräftige Spritzer Haushaltsreiniger auf Ihr Bild. Achtung: Die Leinwand muss dabei stehen!

ZWISCHENBILANZ
Nun sieht Ihr Bild ungefähr so aus! Die Farbe wird durch den Haushaltsreiniger angelöst und läuft an der Leinwand herunter.

SCHRITT FÜR SCHRITT

4 Nach einer Trockenzeit von 10 bis 15 Minuten malen Sie die ersten Blütenblätter der Margeriten mit dem Katzenzungenpinsel in Titanweiß. Meine Skizze finden Sie auf Seite 74.

5 Hier können Sie gut erkennen, dass der Hintergrund noch nicht ganz durchgetrocknet ist und sich mit dem Titanweiß vermischt.

6 Wenn Sie alle Blütenblätter gemalt haben, legen Sie mit einer Mischung aus Maigrün und Laubgrün die Stiele und Blätter der Margeriten an. Dazu benutzen Sie die schmale Seite des Katzenzungenpinsels.

7 Nachdem der Hintergrund getrocknet ist, verstärken Sie die Blütenblätter noch einmal mit Titanweiß.

SUMMERTIME

8 Geben Sie nun, wie abgebildet, ein wenig Indischgelb in die Mitte einiger Blüten.

9 Nach einer Trockenzeit von ungefähr 10 Minuten verstärken Sie mit etwas Lichtem Ocker die Schatten an der Unterseite der gelben Körbchen.

10 Anschließend setzen Sie mit Titanweiß Lichtreflexe auf die Oberkante der Körbchen und legen mit einer Mischung aus Maigrün und Preußischblau die Schatten an den Stielen und Blättern an.

11 Wenn das Bild ganz durchgetrocknet ist, zeichnen Sie mit einem Kohlestift einige Linien und Konturen ein. Außerdem schreiben Sie den Schriftzug „Summertime" auf die Leinwand.

SCHRITT FÜR SCHRITT

12 Jetzt verstärken Sie noch einmal mit Titanweiß die Lichter in den Blüten.

13 Um die Kohle zu schützen, fixieren Sie das vollständig durchgetrocknete Bild. Dazu sprühen Sie das Pastellfixativ waagerecht und senkrecht in einem Abstand von ungefähr 40 cm auf die Leinwand.

So frisch und farbig kann auch bei Ihnen der Sommer im Wohnzimmer Einzug halten!

GALERIE

Jede Jahreszeit hat ihren eigenen Charme und natürlich ihre charakteristischen Blumen. Suchen Sie sich Ihre Favoriten heraus oder malen Sie gleich eine Serie.

Sunset

Flowers

Mit gelb-orangefarbenen Tönen im Hintergrund habe ich die letzten Sonnenstrahlen eines herrlichen Sommertages eingefangen. Hier wurde auf eine Kohlestiftuntermalung verzichtet und stattdessen die harten Konturen mit einem 8er Spitzpinsel in einer Mischung aus Preußischblau und Maigrün eingearbeitet.

Auf dem kühl wirkenden Coelinblau kommen helle Blüten sehr gut zur Geltung. Schauen Sie mir doch bei diesem Motiv auf der DVD über die Schulter.

Klatschmohn

Wie blitzschnell dieser Klatschmohn gemalt ist, können Sie auf der DVD sehen. Zum Nachmachen sehr empfehlenswert!

TIPPS UND TRICKS

Für den Hintergrund wählte ich hier Orange und Gelb, die typischen Farben für den Herbst. Die mit schnellem Pinselstrich gemalten, blauen und violett gehaltenen Astern passen ausgezeichnet dazu.

Autumn

Springtime

Tulpen gehören im Frühjahr zu den beliebtesten Blumen. Sie sind recht einfach zu malen und es gibt sie in vielen leuchtenden Farben. Bestimmt ist auch Ihre Lieblingsfarbe dabei.

Winter

Die Hauptdarstellerin in diesem Bild, die so genannte Snowflower, ist bei uns bislang weitgehend unbekannt. Mit ihrem kräftigen Rot bringt sie alljährlich die weißen Schneefelder in den Rocky Mountains zum Leuchten.

TULPE

Grafische Klarheit kombiniert mit der Feinheit eines Aquarells – dieses Bild besticht durch das Zusammenspiel unterschiedlicher Techniken. Langstielige Blüten wie Anthurien oder Strelitzien sind dafür besonders geeignet, wie Sie auf Seite 34 sehen können. Ich bin sicher, dass es nicht nur bei einer Variante bleibt!

LERNZIELE

- Grafische Umsetzung einer Blume
- Kombinieren von Techniken
- Harte Konturen ausarbeiten

FARBEN

 INDISCHGELB   SCHARLACHROT   KRAPPROT DUNKEL

 PREUSSISCHBLAU   MAIGRÜN

MATERIAL

- Keilrahmen, mind. 30 cm x 100 cm
- Aquarellstift in Braun
- Schwamm
- Maler-Kreppband
- 16er Katzenzungenpinsel, synthetisch

TULPE

1 Als Erstes kleben Sie im oberen Bereich der Leinwand ein Quadrat mit Kreppband ab.

2 Mit dem Aquarellstift zeichnen Sie die Tulpe vor. Sie können das Motiv entweder frei vorzeichnen oder meine Skizze (siehe Seite 74) auf die Leinwand übertragen.

3 Nun legen Sie die Tulpe mit Indischgelb an. Achten Sie dabei auf die Laufrichtung der Blätter.

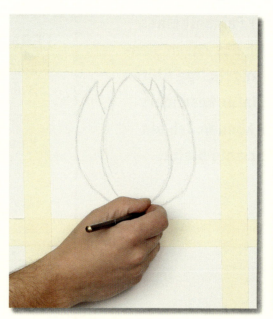
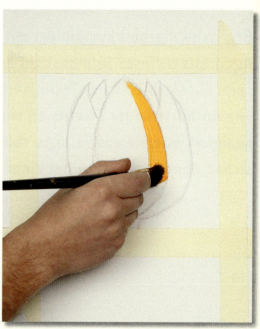

4 Nach dem Ausmalen der Blütenblätter lassen Sie das Bild ungefähr 15 Minuten trocknen.

5 Jetzt bringen Sie, wie abgebildet, mit einem zarten Scharlachrot die ersten Schattierungen in Ihr Bild.

SCHRITT FÜR SCHRITT

6 Mit etwas Krapprot dunkel verstärken Sie die Konturen an den Stellen, an denen die Blätterblätter übereinander liegen.

ZWISCHENBILANZ
So plastisch kommt die Blüte bereits nach wenigen Arbeitsschritten zur Geltung.

7 Malen Sie den Hintergrund zuerst in Scharlachrot aus.

8 Lassen Sie das Bild ungefähr 10 Minuten trocknen und übermalen Sie dann den Hintergrund mit Krapprot dunkel. Der Grund dafür: Damit das Krapprot seine ganze Leuchtkraft entfalten kann, benötigt es eine erste Farbschicht in einem Orange- oder Rotton!

TULPE

9 Um etwas mehr Tiefe in das Bild zu bekommen, strukturieren Sie den Hintergrund noch ein wenig mit einer Mischung aus Krapprot dunkel und Preußischblau. Danach mischen Sie etwas Maigrün mit Preußischblau und fügen den Stielansatz dazu.

10 Anschließend entfernen Sie gleich das Kreppband und lassen das Bild ungefähr 20 Minuten trocknen.

13 Im nächsten Arbeitsschritt verstärken Sie die Schatten mit einer Mischung aus Maigrün und ein wenig Preußischblau.

11 Mit dem Schwamm befeuchten Sie nun die Leinwand unterhalb der Blüte.

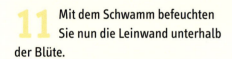

12 Auf die feuchte Leinwand tragen Sie mit der Schmalseite des Katzenzungenpinsels Maigrün auf und formen gleichzeitig die Blätter aus.

SCHRITT FÜR SCHRITT

14 Nach einer erneuten Trockenzeit von ungefähr 30 Minuten kleben Sie die Form der Vase mit Kreppband ab.

15 Zum Schluss füllen Sie den abgeklebten Bereich zuerst mit Scharlachrot und dann wie im oberen Bereich mit Krapprot dunkel aus. Für die Schattenbereiche links und rechts verwenden Sie wieder eine Mischung aus Krapprot dunkel und Preußischblau. Lassen Sie dabei eine Lichtkante in Krapprot dunkel in der Mitte der Vase stehen.

Wäre das nicht ein toller neuer Hingucker in Ihrer Wohnung? Noch interessanter wird es, wenn Sie zwei oder drei Keilrahmen im gleichen Format mit unterschiedlich gefärbten Tulpen nebeneinander hängen. Viel Spaß beim Nacharbeiten!

GALERIE

Und noch ein paar Hingucker im Grafik-Look für Sie als Anregung für eigene Ideen.

Anthurie

Iris

Ebenfalls in Coelinblau und Phthaloblau wurden die Blütenblätter der Iris ausgearbeitet. Für das Gelb in der Mitte der Blüten benutzte ich das leuchtende Indischgelb, für die Vase und den Hintergrund Maigrün und Phthalogrün bläulich.

Für diese faszinierende Blüte habe ich einen zarten Rosaton aus Titanweiß und Magentarot gewählt. Der Hintergrund ist in einer Mischung aus Coelinblau und Phthaloblau gehalten.

TIPP
KREPPBAND

Lassen Sie das Kreppband nicht zu lange auf der Leinwand. Sonst bleiben unter Umständen Kleberrückstände hängen.

TIPPS UND TRICKS

Hier möchte ich Ihnen in Kurzform eine Variante auf einer Naturleinwand vorstellen.

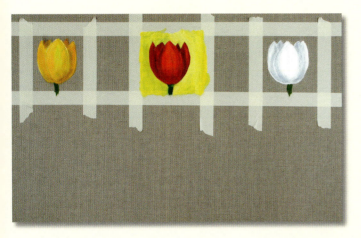

Zuerst teilen Sie die Leinwand mit einem Kreppband auf und malen die Tulpenköpfe farbig aus.

Dann ziehen Sie mit dem Katzenzungenpinsel in einer Mischung aus Maigrün und Phthaloblau die Blätter und Stiele auf die zuvor leicht angefeuchtete Leinwand ein.

Nach einer Trockenzeit von ungefähr 20 Minuten können Sie die Formen der Vasen mit Kreppband abkleben. Anschließend granulieren Sie die Vasen ganz zart in Titanweiß aus, so dass die Tulpenstiele noch sichtbar sind. Dafür eignet sich am besten ein großer Borstenpinsel.

Tulpenkombination

Noch eine harte Lichtkante in Titanweiß auf die Mittelachse setzen und schon ist Ihr neues Tulpenbild fertig!

KAKTUSBLÜTE

Blühende Kakteen begeistern Blumenfreunde in aller Welt. Und so eine detailgetreu gemalte Kaktusblüte wird garantiert auch bei Ihnen für Begeisterung sorgen. Wenn Sie genau hinschauen und besonderen Wert auf die Details wie den Blütenstempel und die Stacheln legen, ist das Motiv auch gar nicht so schwer. Oder wie wäre es mit dem Blick in eine Orchidee oder in eine aufgeblühte Tulpe?

LERNZIELE

- Fotorealistisches Arbeiten
- Lebendige Verläufe
- Detailgetreue Umsetzung
- Leichte Tiefenunschärfe
- Perspektive

FARBEN

 TITANWEISS
 KADMIUMGELB
 MAGENTAROT
 PREUSSISCHBLAU
 MAIGRÜN

MATERIAL

- Keilrahmen, mind. 40 cm x 50 cm
- Aquarellstift in Grün
- 16er Flachpinsel, synthetisch
- 14er Katzenzungenpinsel, synthetisch
- 8er Spitzpinsel, synthetisch

KAKTUSBLÜTE

1 Mit dem Aquarellstift zeichnen Sie die Umrisse der Blütenblätter und des Kaktus vor. Sie können entweder meine Skizze (siehe Seite 75) auf die Leinwand übertragen oder frei vorzeichnen.

2 Dann legen Sie mit dem Katzenzungenpinsel eine Schicht Titanweiß auf die Blütenblätter. Achten Sie dabei darauf, dass Sie die Farbe zur Spitze der Blüten dünner auftragen.

3 Mit Magentarot malen Sie nun die Blütenblätter zart aus. Beginnen Sie dafür jeweils an der Blütenspitze und vermischen Sie die Farbe mit dem noch feuchten Titanweiß, um zarte Verläufe zu erreichen.

4 Nachdem die Blüte, wie hier schön zu sehen ist, ihre Grundstruktur erhalten hat, wenden Sie sich dem Kaktus zu und füllen die hellen Bereiche des Pflanzenkörpers mit Maigrün auf.

SCHRITT FÜR SCHRITT

5 Nach einer 10- bis 20-minütigen Trockenzeit arbeiten Sie die Tiefenbereiche des Kaktus in einer Mischung aus Preußischblau und Maigrün heraus.

ZWISCHENBILANZ
So sollte Ihr Bild nun aussehen.

6 Jetzt geht es an die Ansätze der Kaktusstacheln. Tragen Sie dafür, wie in der Abbildung zu sehen ist, büschelartige weiße Flächen auf.

KAKTUSBLÜTE

7 Während die weiße Farbe trocknet, arbeiten Sie in einer Mischung aus Kadmiumgelb und Titanweiß die Staubgefäße der Blüte aus.

8 Anschließend gestalten Sie den Blütenstempel in Maigrün und einer Mischung aus Maigrün und Preußischblau. Den Hintergrund malen Sie komplett mit dem Flachpinsel in Titanweiß aus.

9 Mit dem Flachpinsel und ein wenig Preußischblau ziehen Sie zarte Blauschattierungen in das noch feuchte Weiß ein.

TIPP
DETAILS
Achten Sie darauf, dass Sie die Feinheiten grundsätzlich zum Schluss einarbeiten.

SCHRITT FÜR SCHRITT

10 Arbeiten Sie nun die ersten Details aus. Beginnen Sie mit den Stacheln des Kaktus, die Sie mit dem Spitzpinsel und einem stark mit Wasser verdünntem Schwarz einzeichnen.

11 Nachdem die Stacheln ausgearbeitet sind, widmen Sie sich mit ein wenig Orange den Staubgefäßen.

12 Anschließend granulieren Sie mit einem trockenen Pinsel einen leichten Hauch von Orange auf die Unterkante der Staubgefäße.

13 Während das Orange im oberen Bildbereich trocknet, schattieren Sie den Kaktus in einer Mischung aus Maigrün und Preußischblau in der Tiefe noch etwas nach. Achtung: Gehen Sie dabei nur mit ganz wenig Farbe auf dem Katzenzungenpinsel in Trockenpinsel-Technik über die Schattenbereiche!

KAKTUSBLÜTE

14 Dann betonen Sie – ebenfalls granulierend – die Schatten an den Blütenblättern mit Krapprot dunkel.

15 Mit dem Spitzpinsel setzen Sie noch ein paar Lichter in Titanweiß auf die Spitzen der Staubgefäße ...

16 ... und schon sind Sie beim letzten Arbeitsschritt angelangt und verstärken zum Abschluss die Lichter im Bereich der Stacheln mit Titanweiß.

Jetzt ist er fertig, unser kleiner grüner Kaktus mit der riesigen rosa Blüte. Keine Angst! Bei dieser detailgetreuen Arbeit fangen Sie sich garantiert keine Stacheln ein, stattdessen höchstens bewundernde Blicke!

GALERIE – TIPPS UND TRICKS

Sie lieben realistische Bilder? Dann gefallen Ihnen die folgenden Varianten bestimmt.

Kapkörbchen

In Nachbars Garten

Das vordere Kapkörbchen habe ich bewusst scharfkantig mit Magentarot ausgearbeitet. Die hinteren zwei Blüten verschwimmen dagegen mit dem Hintergrund. So können Sie eine fotografische Unschärfe darstellen. Der Blütenboden erhielt eine Mischung aus Preußischblau und etwas Titanweiß. Mit Indischgelb wurden anschließend Farbtupfer gesetzt.

… entdeckte ich diese wunderschöne Rose (Skizze Seite 76). Für ihre Ausarbeitung verwenden Sie am besten einen Katzenzungenpinsel. Der Clou: Zum Schluss granulieren Sie mit dem großen runden Borstenpinsel noch einen Hauch Titanweiß in das Bild. Dadurch wirkt es ganz zart und man kann fast den Morgennebel im Hintergrund sehen.

Die grazile Magnolie (Skizze Seite 75) musste ich einfach auf eine Leinwand bannen! Mit einem zarten Brillantviolett habe ich die Blüten vom Kelch ausgehend bis zur Blütenspitze granuliert. Achten Sie aber unbedingt darauf, dass der Hintergrund vorher vollkommen durchgetrocknet ist!

Magnolie

KLATSCHMOHN

Fast spürt man beim Betrachten dieser Arbeit den lauen Sommerwind, der die Blüten des Klatschmohns auf dem Feld streift. Die in Krapprot gehaltenen Blätter wirken beinahe zerbrechlich. Ich möchte Ihnen hier zeigen, wie einfach und effektvoll Sie diese zarten Blüten auf die Leinwand bringen können. In der gleichen Technik entstehen in Windeseile die unterschiedlichsten Frühlings- und Sommerblumen.

LERNZIELE

- Bewegung einfangen
- Mit wenigen Strichen Leichtigkeit in ein Bild bringen
- Farben nass in nass verarbeiten

FARBEN

 KADMIUMGELB   SCHARLACHROT   KRAPPROT DUNKEL

 PREUSSISCHBLAU   MAIGRÜN

MATERIAL

- Keilrahmen, mind. 50 cm x 40 cm
- Aquarellstift in Grün
- Großer runder Borstenpinsel
- 16er Flachpinsel, synthetisch

KLATSCHMOHN

1 Zuerst zeichnen Sie mit dem Aquarellstift die Form der Mohnblüte (Skizze Seite 76) in groben Strichen vor.

2 Befeuchten Sie mit dem Borstenpinsel und etwas Wasser die unmittelbare Umgebung der Blüte.

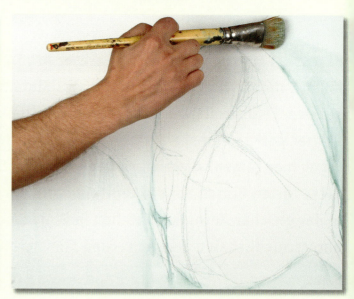

3 Mit einer feinen Schicht Maigrün gehen Sie nun – wie abgebildet – über die noch nassen Bildflächen.

4 Im nächsten Schritt arbeiten Sie mit dem Flachpinsel und einer Mischung aus Maigrün und Preußischblau die ersten Schatten sowie die Blütenstiele in das Bild ein.

SCHRITT FÜR SCHRITT

ZWISCHENBILANZ
Hier sehen Sie, wie grob die grünen Bildelemente ausgearbeitet wurden.

5 Mit dem nassen Flachpinsel malen Sie dann in groben Strichen die Knospe und die große Mohnblüte in Kadmiumgelb und Scharlachrot aus. Dabei folgen Sie immer der Blütenform.

6 An den äußeren Rändern lassen Sie die Farbe in den noch feuchten Hintergrund auslaufen.

7 Mit Krapprot dunkel arbeiten Sie jetzt zart die Schattierungen aus.

KLATSCHMOHN

8 Nun geht es an die Ausarbeitung der Gräser im Hintergrund. Dafür mischen Sie Preußischblau, Maigrün sowie etwas Krapprot dunkel und ziehen damit in einer wässrigen Lösung die Gräser ein, wie auf dem Bild zu sehen ist.

9 Abschließend verstärken Sie noch einige Grashalme mit der Schmalseite des Flachpinsels.

Und schon haben Sie eine sommerliche Stimmung in wunderschönen warmen Farben eingefangen. Selbst in einer dunklen Ecke wirkt diese Arbeit wie ein Lichtstrahl in Ihrer Wohnung!

GALERIE – TIPPS UND TRICKS

Hier noch zwei weitere „bewegte" Bilder. Auch bei der Osterglocke und beim Rittersporn wurde mit wenigen Strichen Lebendigkeit ins Bild gebracht.

Der Hintergrund wurde bei diesem Bild mit einem Schwamm sehr feucht in einer Mischung aus Preußischblau und wenig Maigrün angelegt. Dann kamen mit groben Strichen die Blätter an die Reihe. Den Rittersporn habe ich zum Schluss im feuchten Zustand mit einem Fächerpinsel in die Hintergrundflächen gezogen.

Rittersporn

Osterglocke

Wie wäre es mit diesem Gegenstück? Der Hintergrund ist in Nass-in-Nass-Technik mit dem Fächerpinsel in Phthaloblau und einem Hauch Magentarot gemalt. Dafür müssen Sie die Leinwand vorher mit Wasser anfeuchten. So kommt die Osterglocke in Indischgelb und Kadmiumgelb besonders gut zur Geltung.

LÖWENZAHN

Eine besonders witzige Art, Blumen zu malen, ist die Darstellung eines kompletten Wachstumszyklus. Von der Knospe bis zum Samenkorn hat jede Phase ihren besonderen Reiz. Wenn Sie keinen Löwenzahn mögen, gestalten Sie einfach eine Variante mit einer Tulpe oder einem Krokus.

LERNZIELE

- Mit wenig Aufwand einen realistischen Zyklus malen
- Verschiedene Blütenstadien und Blattformen gestalten
- Schattieren in Nass-in-Nass-Technik

FARBEN

 TITANWEISS
 LICHTER OCKER
 KADMIUMGELB
 INDISCHGELB
 VANDYCKBRAUN
 PREUSSISCHBLAU
 MAIGRÜN
 SCHWARZ

MATERIAL

- Keilrahmen, mind. 100 cm x 50 cm
- Aquarellstift in Braun
- 14er Katzenzungenpinsel, synthetisch
- 8er Spitzpinsel, synthetisch

LÖWENZAHN

1 Wie immer steht am Anfang die Vorzeichnung mit dem Aquarellstift. Dafür können Sie entweder meine Skizze (siehe Seite 77) übertragen oder das Motiv frei vorzeichnen.

2 Mit dem Katzenzungenpinsel malen Sie in Maigrün die Blätter und Stiele des Löwenzahns. Auf dem Bild können Sie gut erkennen, wie ich bereits bei diesem Schritt die Schattierungen mit unterschiedlich dickem Farbauftrag erreiche.

3 Nun arbeiten Sie die Tiefen in den Blättern mit einer Mischung aus Maigrün und Preußischblau aus. Auch hier entstehen Kontraste auf der rechten Seite des Bildes durch einen unterschiedlich dicken Farbauftrag.

SCHRITT FÜR SCHRITT

ZWISCHENBILANZ
So sollte Ihr Bild jetzt ungefähr aussehen.

4 Mit dem Spitzpinsel und etwas Indischgelb malen Sie dann mit kurzen Strichen die Form der Blüten aus. Auch die Knospen erhalten einige Tupfen in Indischgelb.

5 Um etwas mehr Licht in die Blüten zu bekommen, geben Sie etwas Kadmiumgelb mit dem Spitzpinsel in den inneren Bereich der Blüten.

LÖWENZAHN

6 Mit Lichtem Ocker setzen Sie, wie abgebildet, einige kleine Striche jeweils auf die Oberkante der Blüten.

7 Anschließend färben Sie mit dem Spitzpinsel und einer wässrigen Lösung aus Titanweiß, Lichtem Ocker und wenig Schwarz die Blütenstempel ein.

8 Mit einem ganz hellen Grauton, ermischt aus Titanweiß und einem Hauch Schwarz, malen Sie dann in kurzen Strichen die charakteristischen Schirmchen des Löwenzahns.

TIPP
MOTIVSUCHE

Geeignete Vorlagen finden Sie z. B. in den Katalogen des Pflanzenversandhandels, im Internet oder auch in Gartenzeitschriften.

SCHRITT FÜR SCHRITT

9 Nun geht es an die Samenkapseln, die Sie mit einer Mischung aus Vandyckbraun und Titanweiß mit der Spitze des Pinsels in das Bild bringen.

10 Um die Lichtwirkung noch etwas zu erhöhen, arbeiten Sie zum Schluss mit dem Spitzpinsel etwas Titanweiß ein.

Jetzt können Sie sich an den verschiedenen Wachstumsphasen an Ihrer Wand erfreuen. So schön kann Unkraut sein!

GALERIE

Mit diesen Bildern holen Sie sich Farbe in Ihre Räume. Und ganz nebenbei sind sie auch noch auf dekorative Art richtiggehend „lehrreich".

Tulpen

Die Leinwand habe ich zuerst mit einem Schwamm in Gelb grundiert und anschließend den kleinen Tulpenzyklus daraufgemalt. Zum Schluss entstanden die Gräser in einer Mischung aus Maigrün und ganz wenig Preußischblau. Aufgrund der einfachen Linienführung gelingt diese Arbeit auch weniger geübten Malerinnen und Malern. Probieren Sie doch mal aus, wie leicht das geht.

Löwenzahn

Es muss nicht immer ein großer Keilrahmen sein, um einen kompletten Wachstumszyklus zu zeigen! Genauso können Sie natürlich auch andere Blumen darstellen und zwei oder drei Varianten nebeneinander aufhängen.

TIPPS UND TRICKS

Krokusse gehören zu den ersten Frühlingsboten im Garten und erfreuen uns mit ihren Farben. Auch auf der Leinwand machen sie sich ausgesprochen gut.

Beginnen Sie mit der Vorzeichnung der aufgehenden, blühenden und verwelkenden Blüten. Dazu verwenden Sie am besten einen Aquarellstift. Dann arbeiten Sie mit einem Spitzpinsel die Blüten in Titanweiß und Violett aus. Durch die Zugabe von Weiß können Sie sehr schöne Licht- und Schattenbereiche gestalten.

Und so sollte Ihr Bild nach dem Ausarbeiten der Blätter in Maigrün aussehen.

Jetzt bringen Sie mit dem Spitzpinsel und einer Mischung aus Maigrün und Preußischblau noch etwas Tiefe in die Blätter. Malen Sie dafür mit zügigem Strich von unten nach oben.

Krokusse

Mit einer Mischung aus Titanweiß und Indischgelb ergänzen Sie die Blütenstempel. Nun können Sie die Tiefenwirkung der Blätter noch durch etwas Dunkelgrün verstärken. Fertig!

HORTENSIEN

Wer kennt sie nicht, die halbkugelförmigen Blüten der Hortensien, die uns den Sommer über in den Gärten begleiten. Genau diese Form eignet sich vorzüglich, um ein nettes kleines Arrangement in einer Vase zu malen. Mit ein bisschen Mut zum groben Strich schaffen Sie wunderschöne Blumensträuße auf der Leinwand, die nie verwelken. Falls Sie keine Hortensien mögen, malen Sie doch einfach alternativ ein kleines Bellissträußchen oder ein Margeritenbäumchen im Terrakottatopf.

LERNZIELE

- Auf das Wesentliche minimieren
- Darstellen von Glas und Rundungen
- Malen mit groben Strichen

FARBEN

 TITANWEISS   KADMIUMGELB   ORANGE   MAGENTAROT   VANDYCKBRAUN

 PRIMÄRBLAU   PREUSSISCHBLAU   PHTHALOBLAU   VIOLETT   MAIGRÜN

MATERIAL

- Keilrahmen, mind. 50 cm x 40 cm
- Aquarellstift in Braun
- 16er Katzenzungenpinsel, synthetisch
- 24er Katzenzungenpinsel, Borste

HORTENSIEN

1 Als Erstes zeichnen Sie mit dem Aquarellstift das Motiv (Skizze Seite 78) vor.

2 Mit groben Strichen färben Sie mit Kadmiumgelb, Preußischblau, Orange und Titanweiß den Hintergrund ein. Dazu benutzen Sie den großen Katzenzungenpinsel. Dabei ist ganz wichtig, dass Sie die Farben nass in nass verarbeiten.

3 Dann gestalten Sie den Boden der Glasgefäße in Maigrün, Preußischblau und einem Hauch Vandyckbraun ebenfalls mit dem Borstenpinsel.

4 Nach einer Trockenzeit von ungefähr 15 Minuten legen Sie mit Maigrün, untermischt mit etwas Preußischblau, die ersten Blätter und Stiele an.

TIPP
ECHTE BLUMEN
Blumen malen macht besonders viel Freude, wenn Sie nach einem Original arbeiten. Achten Sie dabei auf eine gute Ausleuchtung Ihres Motivs.

SCHRITT FÜR SCHRITT

ZWISCHENBILANZ
Nachdem Sie die ersten Schatten in einer dunklen Grünmischung an die Böden der Glasgefäße angelegt haben, sollte Ihr Bild nun so aussehen.

5 Jetzt geht es an die Blüten, die Sie in einer Mischung aus Titanweiß und Primärblau sowie in einer Mischung aus Magentarot und Titanweiß in groben Strichen auftragen.

6 Die Hortensie im Hintergrund malen Sie dann mit Violett aus. Für den zarten Flieder verwenden Sie eine Mischung aus Titanweiß und etwas Primärblau und gestalten damit die Blütenform in kurzen Strichen.

7 Nun verstärken Sie die Schatten im Bild mit Preußischblau, das Sie ganz zart auftragen. Die Stärke des Farbauftrags können Sie gut an dem kleinen Flieder im Hintergrund erkennen.

HORTENSIEN

8 Für etwas mehr Tiefe im Blütenbereich verwenden Sie Phthaloblau und strukturieren damit die Schatten der Blüten.

9 Anschließend formen Sie mit etwas Preußischblau die Glasvasen heraus.

10 Nun setzen Sie punktuell mit etwas Titanweiß Lichter auf die Blüten.

11 Außerdem hellen Sie die Lichtseite der beiden Vasen mit Titanweiß auf.

12 Jetzt malen Sie mit Primärblau noch eine weitere Vase nass in nass in den Vordergrund. Trocknen lassen.

SCHRITT FÜR SCHRITT

13 Wenn das Bild gut durchgetrocknet ist, arbeiten Sie die Schattierungen mit einem zarten Preußischblauton granulierend aus.

14 Setzen Sie nun, wie abgebildet, einige Akzente mit Kadmiumgelb in die Hortensienblüten.

15 Schließlich verstärken Sie noch mit etwas Titanweiß die Lichter in den Vasen und im Flieder.

Geschafft! Ihr erster Blumenstrauß in einer Glasvase ist fertig und wartet jetzt nur noch auf ein passendes Plätzchen an Ihrer Wand.

GALERIE

Sträuße in der Vase gehören seit Jahrhunderten zu den Klassikern in der Blumenmalerei. Hier ein paar moderne Versionen sowie zur Abwechslung mal was im Topf.

Pfingstrosen 2

Pfingstrosen 1

Diese Variante einer orangefarbenen Pfingstrose, die ich einer Glasvase arrangiert habe, wirkt durch die einfache Ausführung. Achten Sie dabei nicht auf Details, sondern malen Sie mutig drauflos!

Wie ich das Gegenstück dazu erstellt habe, können Sie auf der DVD genau sehen.

Auf diesem Ausschnitt können Sie erkennen, wie grob die Blüten gemalt sind.

TIPPS UND TRICKS

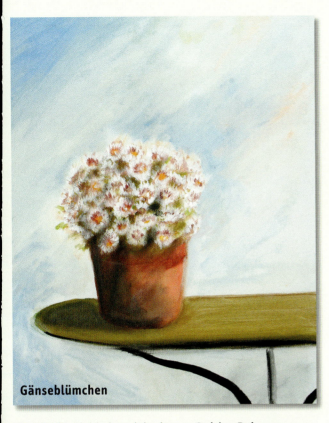

Gänseblümchen

Ein Bild für Liebhaber vieler kurzer Striche. Beim genauen Betrachten sehen Sie, dass die kleinen Blütenblätter der Gänseblümchen mit einem Spitzpinsel von innen nach außen gemalt wurden. Beim restlichen Motiv wurde dagegen bewusst auf Genauigkeit verzichtet.

Blütenpracht

Titanweiß und Magenta geben sich bei diesem Bild ein Stelldichein. Die Transparenz der mundgeblasenen Glasvase, die in Preußischblau und Titanweiß ausgearbeitet wurde, ist hier besonders gut zu erkennen.

Hortensie & Co.

Wie bei der Königin ist hier der Hintergrund bewusst dunkel gehalten und zwar in Phthalogrün bläulich, Preußischblau und Schwarz. Durch den glänzenden Überzug mit einem Acrylmedium nach dem vollständigen Trocknen wirkt es fast wie ein klassisches Ölgemälde.

DIE KÖNIGIN

Wie keine andere Pflanze hat die Rose die Fantasie der Menschen beflügelt. Sie gilt als die edelste aller Blumen und symbolisiert Liebe und Schönheit. Dabei steckt sie voller Widersprüche: wunderbar geformt und herrlicher duftend zeigt sie gleichzeitig ihre Stacheln. Ich habe hier bewusst eine Seitenansicht gewählt, die jedem Rosenliebhaber gelingt. Mit ein bisschen Mut und Geduld schaffen Sie Ihr eigenes kleines Meisterwerk.

LERNZIELE

- Fotorealistisch großflächig granulieren
- Ausarbeiten feinster Blüten- und Lichtdetails

FARBEN

TITANWEISS

ORANGE

KRAPPROT DUNKEL

PREUSSISCHBLAU

MAIGRÜN

MATERIAL

- Keilrahmen, mind. 70 cm x 50 cm
- Aquarellstift in Braun
- 16er Katzenzungenpinsel, synthetisch
- 24er Katzenzungenpinsel, Borste
- 8er Spitzpinsel, synthetisch

DIE KÖNIGIN

1 Zuerst zeichnen Sie mit dem Aquarellstift die exakten Umrisse der Blüte (Skizze Seite 78) vor.

2 Mit einer Mischung aus Orange und Titanweiß malen Sie mit dem Borstenpinsel die Rose aus. Achten Sie dabei sorgfältig auf die Laufrichtung der einzelnen Blütenblätter.

3 Jetzt legen Sie mit einem kräftigen Orangeton granulierend die ersten Schatten an. Damit der Orangeton etwas kräftiger wird, geben Sie etwas Krapprot dunkel dazu.

TIPP
PINSELGRÖSSE
Je größer die Fläche ist, die Sie granulieren, desto größer sollte der Pinsel dafür sein.

SCHRITT FÜR SCHRITT

4 Mit reinem Krapprot dunkel arbeiten Sie im Anschluss die Schatten aus. Dabei lassen Sie, wie auf der Abbildung zu sehen ist, einige Lichter stehen.

5 Mit einer Mischung aus Krapprot dunkel und ganz wenig Preußischblau verstärken Sie die dunklen Schatten im Innern der Blüte. Dadurch erhalten Sie harte Konturen der Blütenblätter an der Außenkante.

ZWISCHENBILANZ
Sie sehen, wie plastisch die Rose bereits nach wenigen Schritten erscheint.

DIE KÖNIGIN

6 Nun geht es an den Stiel, den Sie mit einer Mischung aus Maigrün und sehr wenig Orange anlegen.

7 Für die Schatten mischen Sie Maigrün mit einem Hauch Preußischblau.

8 Anschließend färben Sie den Hintergrund großzügig mit Preußischblau ein. Achten Sie dabei auf harte Konturen an den Außenkanten der Blütenblätter.

SCHRITT FÜR SCHRITT

ZWISCHENBILANZ
Die Rose ist inzwischen fast fertig. Jetzt fehlen nur noch einige wichtige Details.

9 Als Erstes bringen Sie mit dem Spitzpinsel und einer Mischung aus Titanweiß und Orange Lichtkanten auf die Blütenblätter.

10 Dann verstärken Sie mit etwas Preußischblau und Maigrün die Schatten am Stiel.

DIE KÖNIGIN

11 Mit dem Spitzpinsel bringen Sie letzte Korrekturen in Preußischblau an der Außenkante der Blütenblätter an.

12 Zum Schluss verstärken Sie nochmals mit dem Katzenzungenpinsel in Krapprot dunkel – gegebenenfalls mit etwas Preußischblau untermischt – die tiefen Bereiche der Rosenblüte.

Nun ist sie fertig, unsere edle Schönheit. Wie wäre es, wenn Sie gleich noch ein paar weitere Motive in dieser Technik ausprobieren?

GALERIE – TIPPS UND TRICKS

Hier sind Liebe zum Detail und ein bisschen Geduld gefragt. Aber ich verspreche Ihnen, die sorgfältige Arbeit lohnt sich!

Orchidee

Calla

Mit ihren dekorativen Blüten sehen Orchideen auch gemalt toll aus. Ihre Orchidee im Topf hat gerade eine Wachstumspause eingelegt? Dann malen Sie einfach diesen Blickfang für Ihre Wand und hängen ihn in die Nähe Ihrer Pflanze.

Noch eine sehr strenge und glatte Blütenform. Auf dem wunderschönen Leinenhintergrund kommen die weißen Blütenblätter (Skizze Seite 79) ganz besonders gut zur Geltung. Die zarten Schattierungen unterstreichen diesen Effekt noch zusätzlich.

Strelitzie

Wie die Rose besticht auch die Strelitzie (Skizze Seite 79) durch ihre harten Konturen und die leuchtenden Farben. Daher eignet sie sich für diese Maltechnik besonders gut. Für die Blütenblätter verwendete ich Indischgelb und Orange, zum Schattieren etwas Krapprot dunkel. Die blauen Bereiche wurden mit Phthaloblau und Titanweiß gestaltet und anschließend mit Schatten in Preußischblau versehen. Den Hintergrund habe ich mit dem großen Borstenpinsel in Titanweiß und Maigrün gemalt.

SKIZZEN

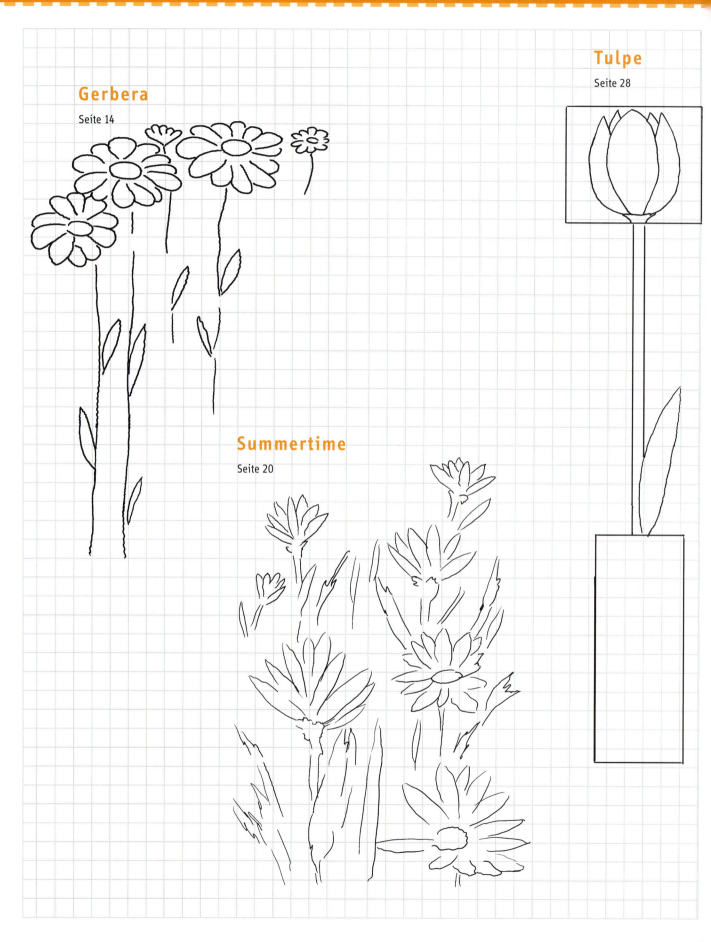

SKIZZEN

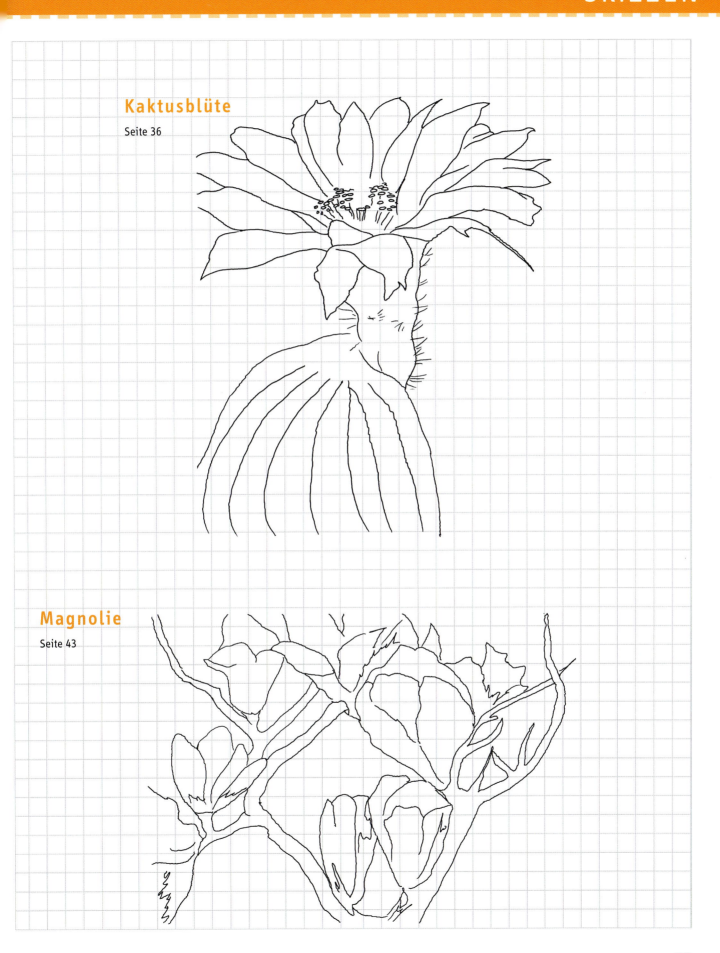

Kaktusblüte
Seite 36

Magnolie
Seite 43

SKIZZEN

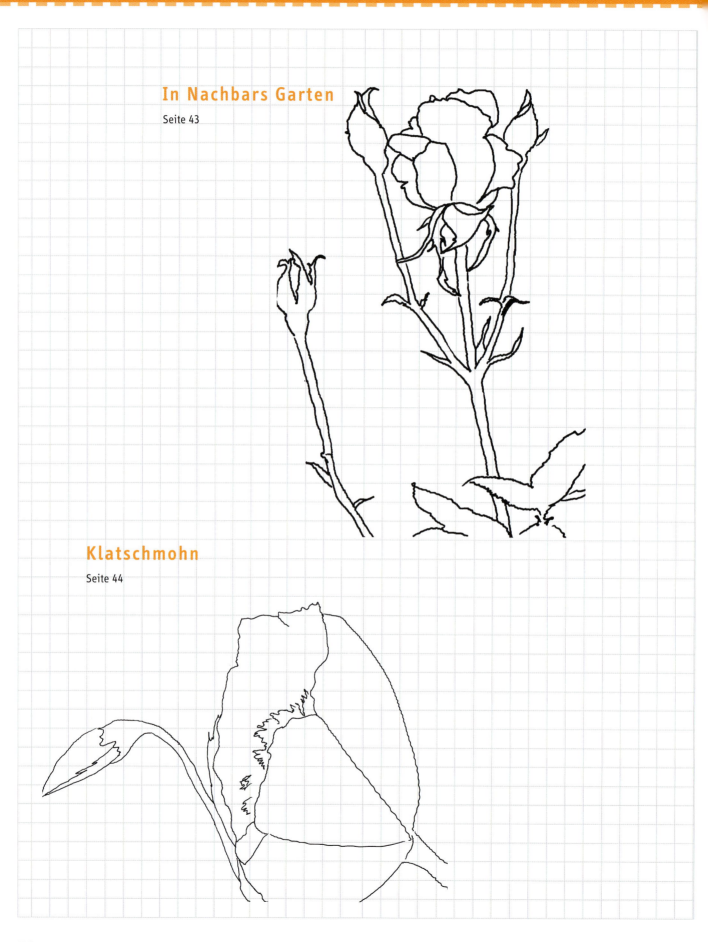

In Nachbars Garten
Seite 43

Klatschmohn
Seite 44

SKIZZEN

Löwenzahn
Seite 50

Krokusse
Seite 57

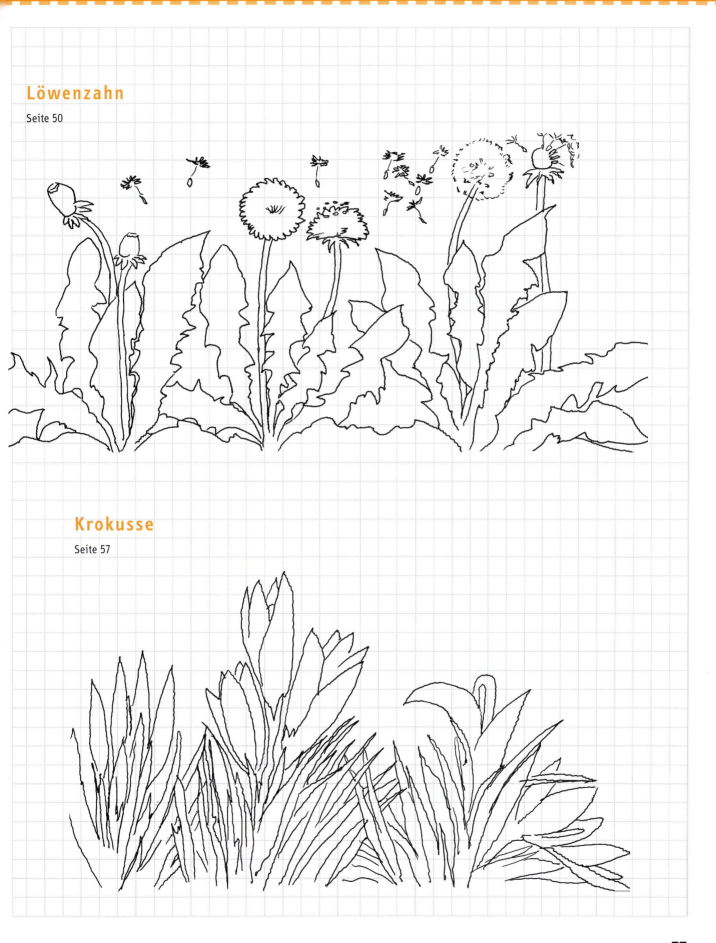

SKIZZEN

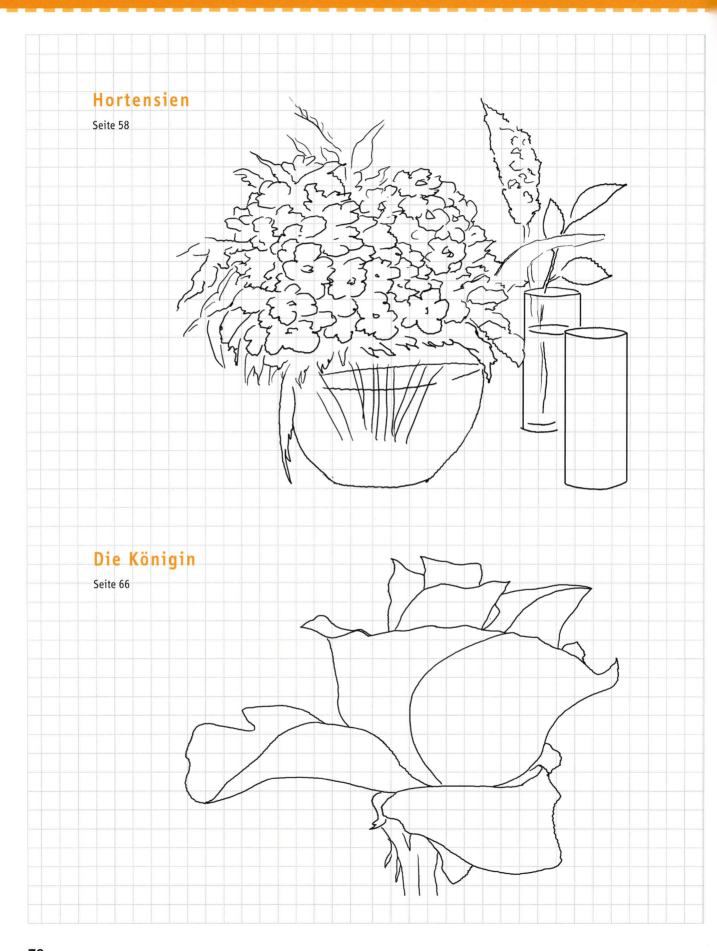

Hortensien
Seite 58

Die Königin
Seite 66

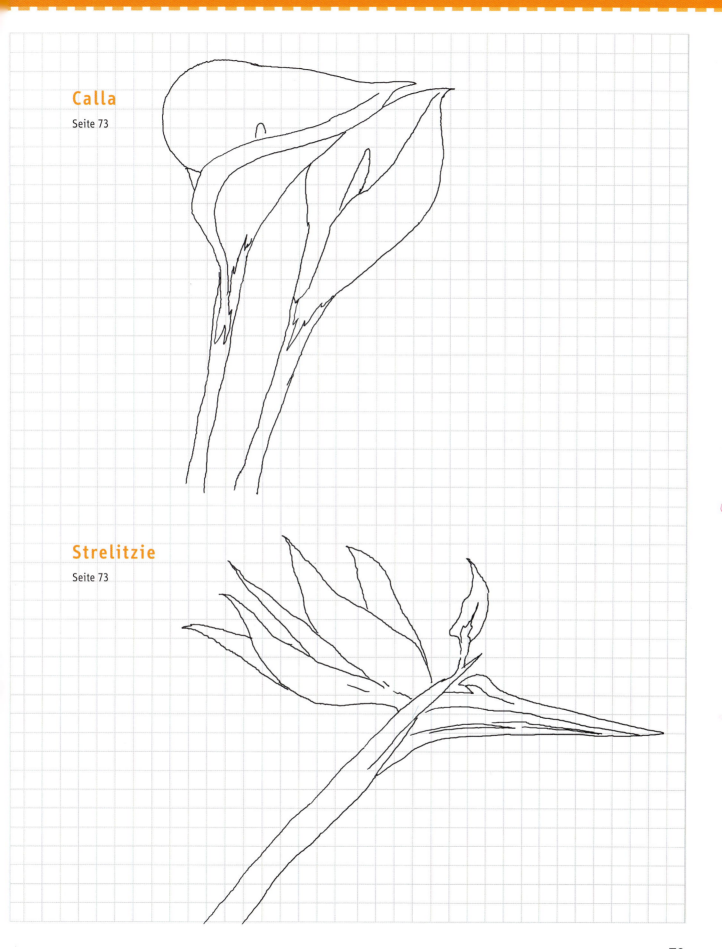

DER AUTOR

Martin Thomas ist seit über 20 Jahren in den Bereichen Illustration und Malerei tätig, seit einigen Jahren verstärkt in der Acrylmalerei. Hauptschwerpunkte seiner Arbeit bilden Kurse und Veranstaltungen zur freien Malerei im deutschsprachigen Raum. Auch im Ausland führte er erfolgreich Schulungen durch und verwirklichte Ausstellungen mit seinen Arbeiten, z. B. in den USA, in England, Belgien und der Schweiz.

Sein Profiwissen an die Kursteilnehmer weiterzugeben, ist sein Ziel. Bereits über 20 000 Teilnehmern hat er so den Umgang mit Leinwand, Pinsel und Farbe beigebracht. Wichtiger als die Technik ist ihm jedoch der Spaß an der Malerei, den er vermitteln möchte.

Nach Stationen in Heidelberg, Hamburg, Dortmund und San Diego (USA) lebt und arbeitet Martin Thomas derzeit in Heilbronn am Neckar.

DER MALKURS MIT SYSTEM

AUFBAUKURSE TECHNIKEN

| AUFBAUKURS 2 Strukturpasten & Spachteltechniken TOPP 6201 | AUFBAUKURS 6 Mischtechniken TOPP 6205 | AUFBAUKURS Lasurmalerei | AUFBAUKURS Collagen | AUFBAUKURS Licht und Schatten |

GRUNDKURS 1 Neue Wege zum Acrylbild TOPP 6200

AUFBAUKURSE SUJETS

| AUFBAUKURS 3 Landschaften TOPP 6202 | AUFBAUKURS 4 Aktmalerei TOPP 6203 | AUFBAUKURS 5 Blumen & Blüten TOPP 6204 | AUFBAUKURS Tiere | AUFBAUKURS Stillleben |

IMPRESSUM

An dieser Stelle möchte ich allen danken, die mich mit Rat, Tat und Unterstützung jeglicher Art bei der Entstehung dieses Buches und der dazugehörigen DVD begleiteten.

KONZEPT UND PROJEKTLEITUNG: Dr. Christiane Voigt
REDAKTION, LEKTORAT UND DREHBUCH DVD: Petra-Marion Niethammer, Stuttgart
GESTALTUNG, UMSCHLAG UND INHALT: Petra Kita, Stuttgart
FOTOS: frechverlag GmbH, 70499 Stuttgart; Ulrich Glaser: Seite 3 (Calla, Strelitzie); bit-Verlag/HobbyArt: Seite 5; Fotostudio Ullrich & Co., Renningen: Aufmacherfotos sowie Seite 3, 6 und 8; alle anderen Fotos: Martin Thomas
DRUCK UND BINDUNG: frechdruck GmbH, 70499 Stuttgart

Materialangaben und Arbeitshinweise in diesem Buch wurden von dem Autor und den Mitarbeitern des Verlags sorgfältig geprüft. Eine Garantie wird jedoch nicht übernommen. Autor und Verlag können für eventuell auftretende Fehler oder Schäden nicht haftbar gemacht werden. Das Werk und die darin gezeigten Modelle sind urheberrechtlich geschützt. Die Vervielfältigung und Verbreitung ist, außer für private, nicht kommerzielle Zwecke, untersagt und wird zivil- und strafrechtlich verfolgt. Dies gilt insbesondere für eine Verbreitung des Werkes durch Fotokopien, Film, Funk und Fernsehen, elektronische Medien und Internet sowie für eine gewerbliche Nutzung der gezeigten Modelle. Bei Verwendung im Unterricht und in Kursen ist auf dieses Buch hinzuweisen.

Auflage: 5. 4. 3. 2. 1.
Jahr: 2010 2009 2008 2007 2006 [Letzte Zahlen maßgebend]
© 2006 frechverlag GmbH, 70499 Stuttgart

ISBN 10: 3-7724-6204-9
ISBN 13: 978-3-7724-6204-7
Best.-Nr. 6204

Acryl-Malkurse mit Martin Thomas
Die ersten Malkurse mit DVD-Unterstützung

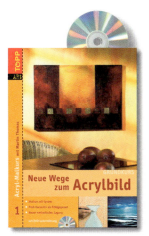

ISBN 3-7724-6200-6

ISBN 3-7724-6201-4

ISBN 3-7724-6202-2

1. Platz
Kreatives Produkt des Jahres
Creative Impulse 2006

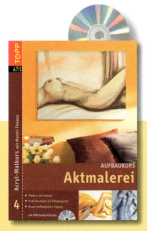

ISBN 10:   3-7724-6203-0
ISBN 13: 978-3-7724-6203-0

ISBN 10:   3-7724-6204-9
ISBN 13: 978-3-7724-6204-7

ISBN 10:   3-7724-6205-7
ISBN 13: 978-3-7724-6205-4

www – Besuchen Sie uns im Internet!
Im Internet erhalten Sie aktuelle Zusatzinformationen, erfahren Wissenswertes zur Reihe und bekommen Informationen zu Erscheinungsterminen.
Senden Sie uns Ihre Fragen, von denen wir einige im Internet veröffentlichen werden. Und schicken Sie uns Ihre Bilder – nachgemalte und eigene Entwürfe. Wir stellen eine Auswahl davon vor.

www.frechverlag.de/topp-art

Auf der beigelegten DVD können Sie mir beim Malen über die Schulter schauen. Anhand von drei Motiven folgen Sie mir auf dem Weg von der noch leeren Leinwand bis hin zum fertigen Bild – vom Auftragen der ersten Farbschicht bis zum letzten Pinselstrich und Feinschliff. Sie sehen, wie man eine Vorzeichnung macht, verschiedene Grüntöne mischt und Licht und Schatten auf die Leinwand bringt. Darüber hinaus erhalten Sie jede Menge Profi-Tricks für das Malen von Blumenbildern.

Motiv 1: „Flowers" – Variante zum Motiv „Summertime"
- Grundierung mit dem Schwamm
- Effekte mit Haushaltsreiniger
- Ausarbeiten der Blüten
- Pflanzenstiele und Blätter
- Licht und Schatten anlegen
- Highlights mit Kohlestift
- Ideen-Galerie

Motiv 2: „Löwenzahn" – eine Variation
- Vorzeichnung mit Aquarellstift
- Blätter und Stiele ausmalen
- Erste Schattierungen
- Blüten mit dem Spitzpinsel formen
- Schirmflieger ausarbeiten
- Details gestalten
- Ideen-Galerie

Motiv 3: „Pfingstrosen in der Vase" – „Hortensien" variiert
- Vorzeichnung mit Aquarellstift
- Blätter und Stiele
- Vase transparent herausformen
- Blüte für Blüte ausarbeiten
- Schattierungen platzieren
- Hintergrund gestalten
- Ideen-Galerie

Wissenswertes zur Blumenmalerei
- Verschiedene Blattformen und Grüntöne
- Blüten malen
  Rose
  Gerbera
  Calla